Beatriz Figueroa

APULEYO EDICIONES FOMENTO DE VALORES CUENTOS ILUSTRADOS

Julieta,

nuestro amor es diferente

APULEYO EDICIONES   FOMENTO DE VALORES   CUENTOS ILUSTRADOS

Julieta es una niña feliz; feliz de esas que todos queremos ser, aunque, la verdad, muchas veces está triste, pero su mamá le ha enseñado que lo más importante en la vida es saber sonreírle al sol. El sol sale todos los días, pero ¿qué pasaría si nosotros no le diésemos los buenos días cada día al sol?

Julieta tiene cinco años, como los Cinco lobitos que siempre le han cantado para irse a dormir. Así es como ella ha aprendido a contar con los dedos, practicando con su mamá y con su papá y acabando la canción con cosquillas.

La mamá de Julieta se llama Manuela y es la mejor mamá del mundo, sin duda alguna. El papá de Julieta se llama Sergio y es el mejor papá del mundo, sin duda alguna.

Julieta no tiene hermanos, antes siempre le decía a papá y a mamá que quería un hermanito para jugar con él al fútbol, pero ahora ya no se lo dice, aunque tenga ganas, porque mamá y papá ya no viven juntos.

A Julieta todo el mundo le dice que es muy guapa, a ella le gusta, aunque mamá siempre le dice que la guapura va por dentro y que no hay persona más guapa que la que comparte amabilidad y gratitud. ¿Sabes cómo se dice gracias en Japonés, Chino y Alemán?

Xiexie

Arigato Danke

A Julieta le gusta jugar al fútbol y a las muñecas, la verdad que le gusta todo, todo lo de jugar, sobre todo, cuando juega con sus amigos Blanca y Alan. Con Blanca es la mejor portera del mundo y Alan hace de árbitro mientras dibuja, de mayor quiere ser diseñador. ¿Tú qué querrás ser de mayor?

A
B
l

Hoy en clase, a Julieta alguien le ha dicho que sus papás ya no se quieren, por eso viven cada uno en su casa. Julieta se ha puesto a llorar, ha sentido primero mucho enfado, luego mucha tristeza, luego mucho enfado otra vez y luego mucha pena. Le han entrado ganas de pegar, pero no lo ha hecho, ¡aunque sí ha llorado muchísimo! ¿Tú te has sentido así alguna vez?

Al llegar a casa, mamá estaba, como casi siempre, trabajando en el ordenador y, aunque Julieta no quería que mamá se enterase, su mamá le ha preguntado nada más verla. ¿Qué tendrán las mamás que lo saben todo?

—¿Qué ha pasado, Julieta?

—Hoy un niño me ha dicho en clase que papá y tú ya no os queréis y me he puesto a llorar y he querido pegar y gritar.

—¡Oh, mi pequeña! ¿Tú crees que eso es así?

—No, tú siempre me dices que papá y tú os queréis diferente. Pero, al decírselo, el niño me ha llamado mentirosa...

—Julieta, mi amor, ¿quieres que te cuente de nuevo cómo es el amor entre papá y yo?

—¡Síííííí, por favor!

—Papá y mamá se quieren pero diferente. Cuando papá y yo
nos conocimos, nos queríamos tanto que creamos en nuestro
corazón unas figuras de cristal muy fino, casi casi perfectas.
Yo tenía la figura de papá y papá tenía mi figura,
dentro del corazón y de la imaginación.
¿Te puedes imaginar cómo eran esas figuras de hermosas?

Ni papá ni yo sabemos porqué pero, de repente, esas
figuras empezaron a dañarse un poco, un día un rasguño
y otro día otro, así en las dos figuras, hasta que nos dimos
cuenta de que cuanto más cerca estábamos, más se
dañaban nuestras figuras de cristal. Solo estaban
bien cuando estábamos un poco lejos.

Yo no quiero romper la figura de papá y papá tampoco quiere
romper mi figura, por eso, aunque nos quisimos
y queremos, no podemos estar juntos.

También nos dimos cuenta de que esas figuras de cristal, tan
preciosas y valiosas, están unidas para siempre por un hilo
de oro, brillante y muy fuerte, ese hilo irrompible, Julieta, eres
tú. Tú eres el hilo que mantiene nuestras figuras
unidas y sin daños, sonrientes e ilusionadas.

Yo sé que es difícil de entender y sé que igual ese niño
no puede comprenderlo, pero te digo, Julieta, que cada
persona tiene una valiosa y maravillosa figura de cristal en
el interior de su corazón y esta figura hay que cuidarla y
protegerla y no dejar que se dañe por lo que pase fuera
—terminó de contarle su mamá.

—¿Sabes lo que puedes hacer la próxima vez?
—le dijo por último a Julieta—. La próxima vez
puedes decirle a ese niño que no te gusta que te
diga eso, que te gustaría que te dijese algo más
agradable, por ejemplo, un chiste.

¿Y tú, te atreves a darle a Julieta alguna idea?

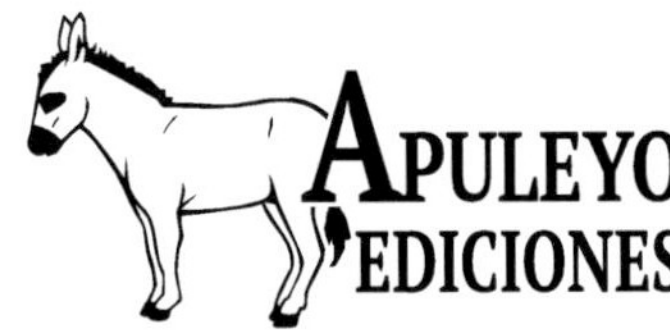

© Beatriz Figueroa (de la obra)
©Apuleyo Ediciones (de esta edición)
Primera edición en Apuleyo Ediciones: julio 2024
Diseño de cubierta: Sofía Corzo González
Corrección: Aitor Andreu Guerrero
Maquetación: Domingo Carrasco Martín
Ilustraciones: Lina Molina
Coordinación editorial: Isidoro Cidre González
info@apuleyoediciones.com
www.apuleyoediciones.com
ISBN: 978-84-1060-351-6
Depósito legal: H 397-2024

Hecho e impreso en España.

Julieta,

nuestro amor es diferente

APULEYO EDICIONES   FOMENTO DE VALORES   CUENTOS ILUSTRADOS

Beatriz Figueroa

APULEYO EDICIONES   FOMENTO DE VALORES   CUENTOS ILUSTRADOS